Abrace-me enquanto ainda estou aqui

pequenos textos sobre breves momentos

Abrace-me enquanto ainda estou aqui

Pequenos textos sobre breves momentos

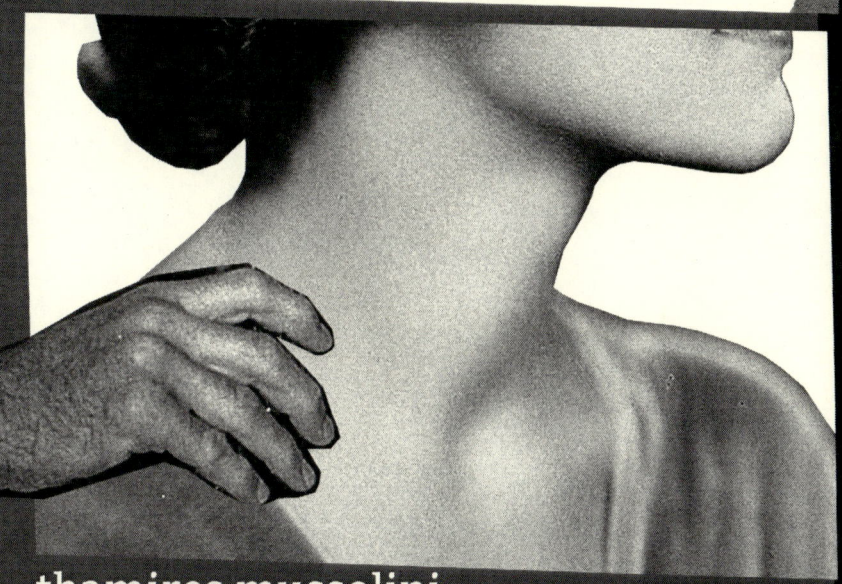

thamires mussolini

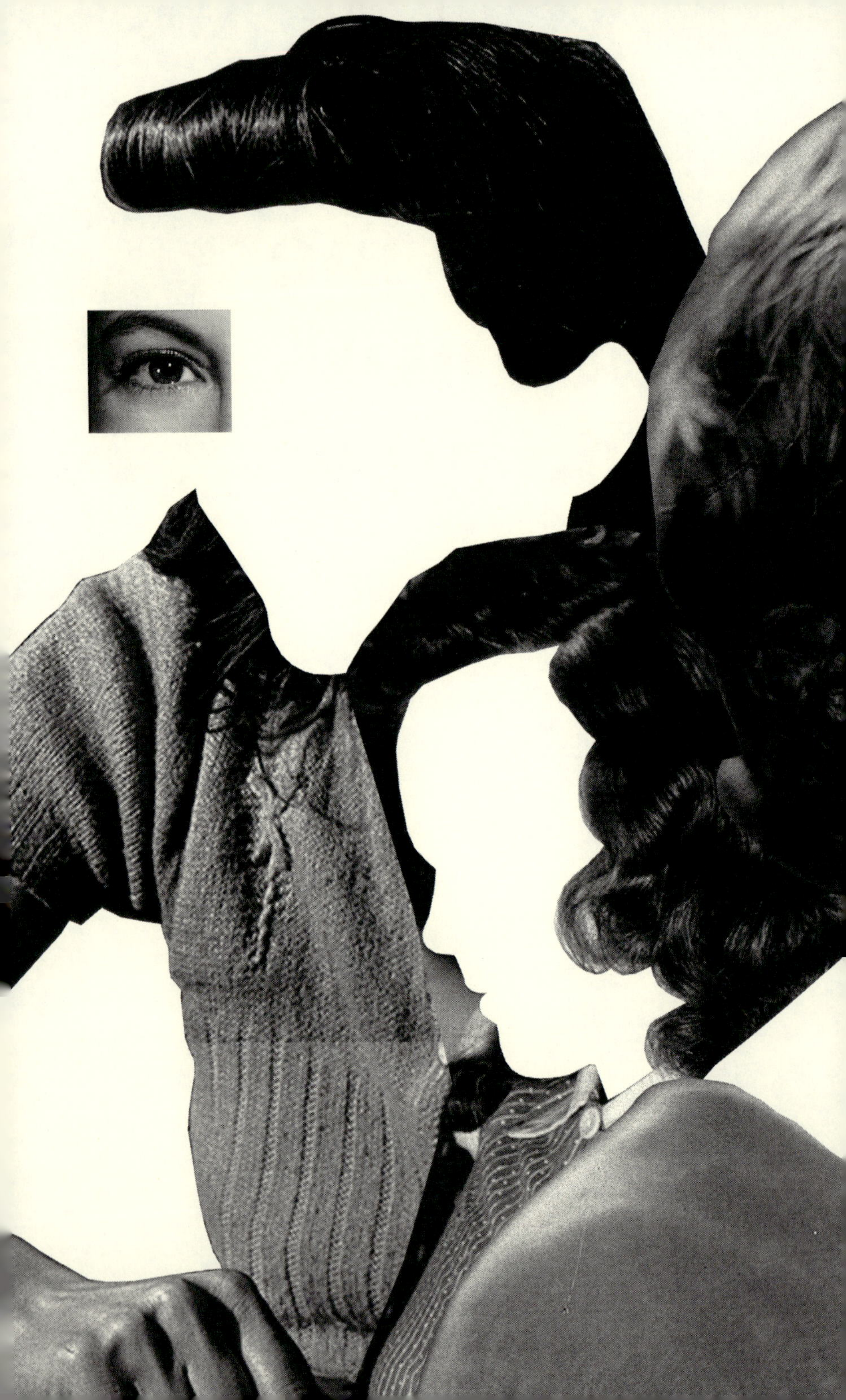

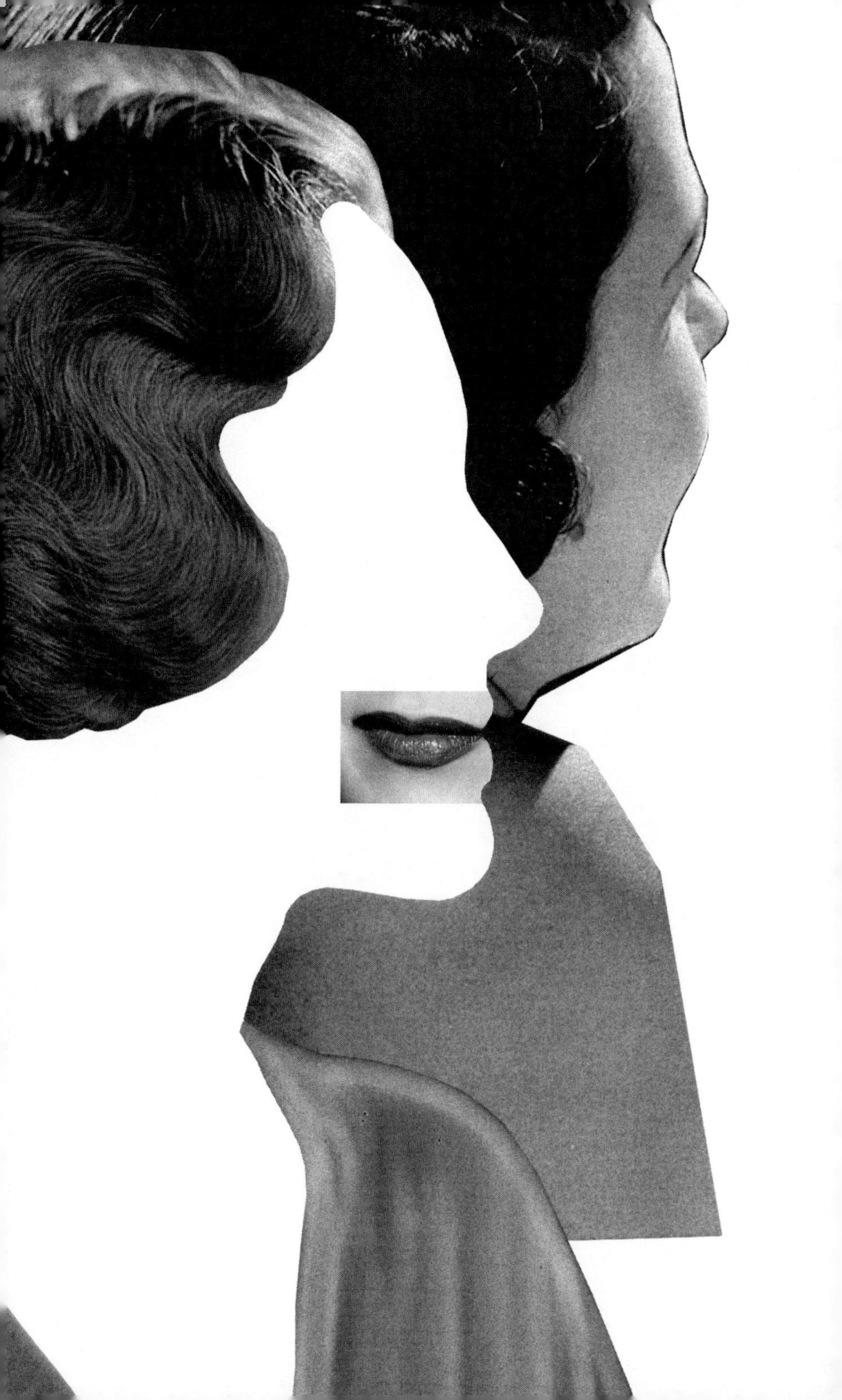

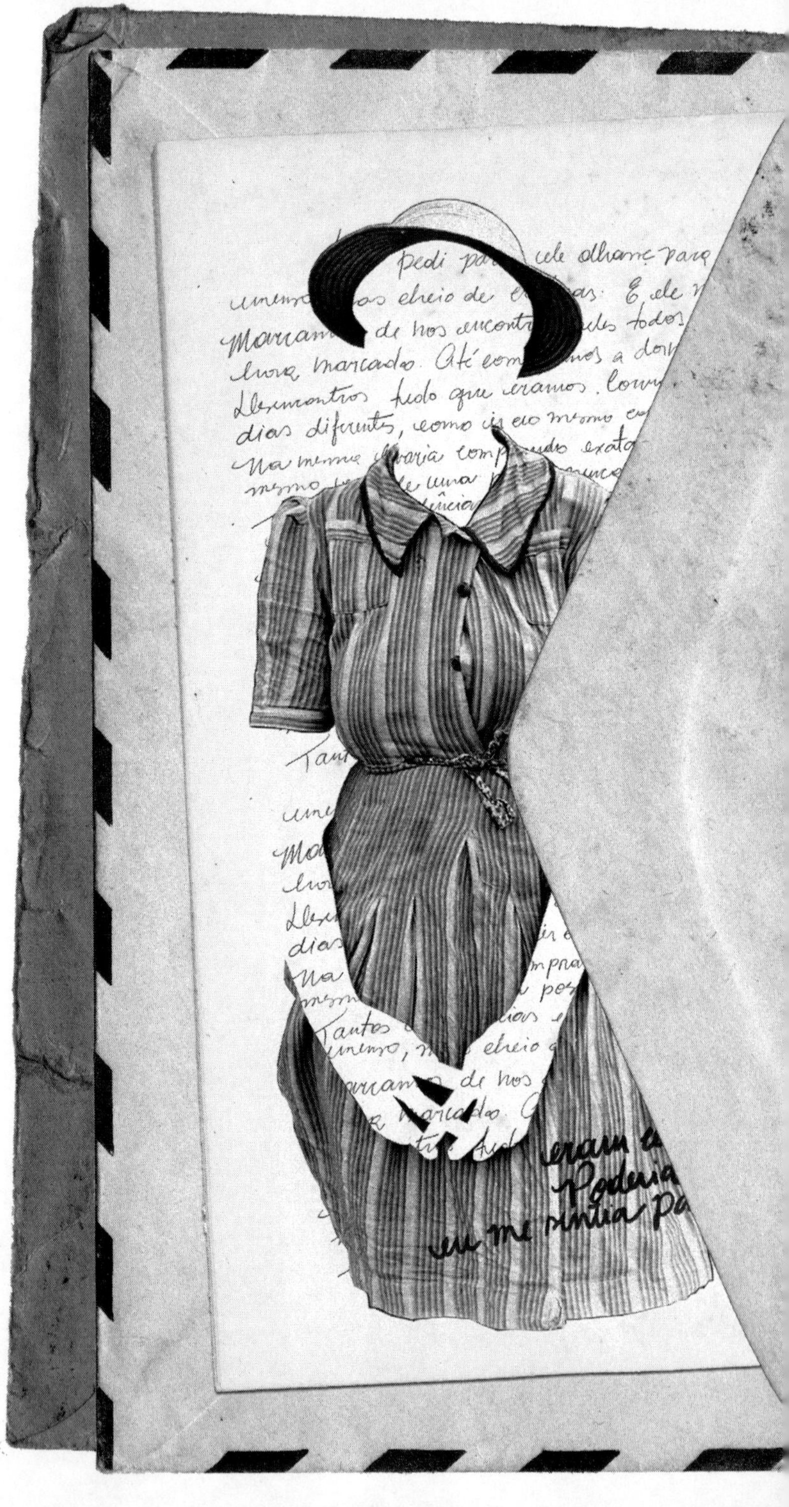

Apenas escrevendo eu me sentia parte de algo em que acreditava estar perdida. Parte de mim mesma.

Persona

Não sabia se tirava as máscaras ou se as colocava para escrever.

Escrevia cartas que nunca eram correspondidas.

Sentia falta de mim mesma.

Perdida.

Epitáfio

Poderia ter sido todas as possibilidades que não fui.

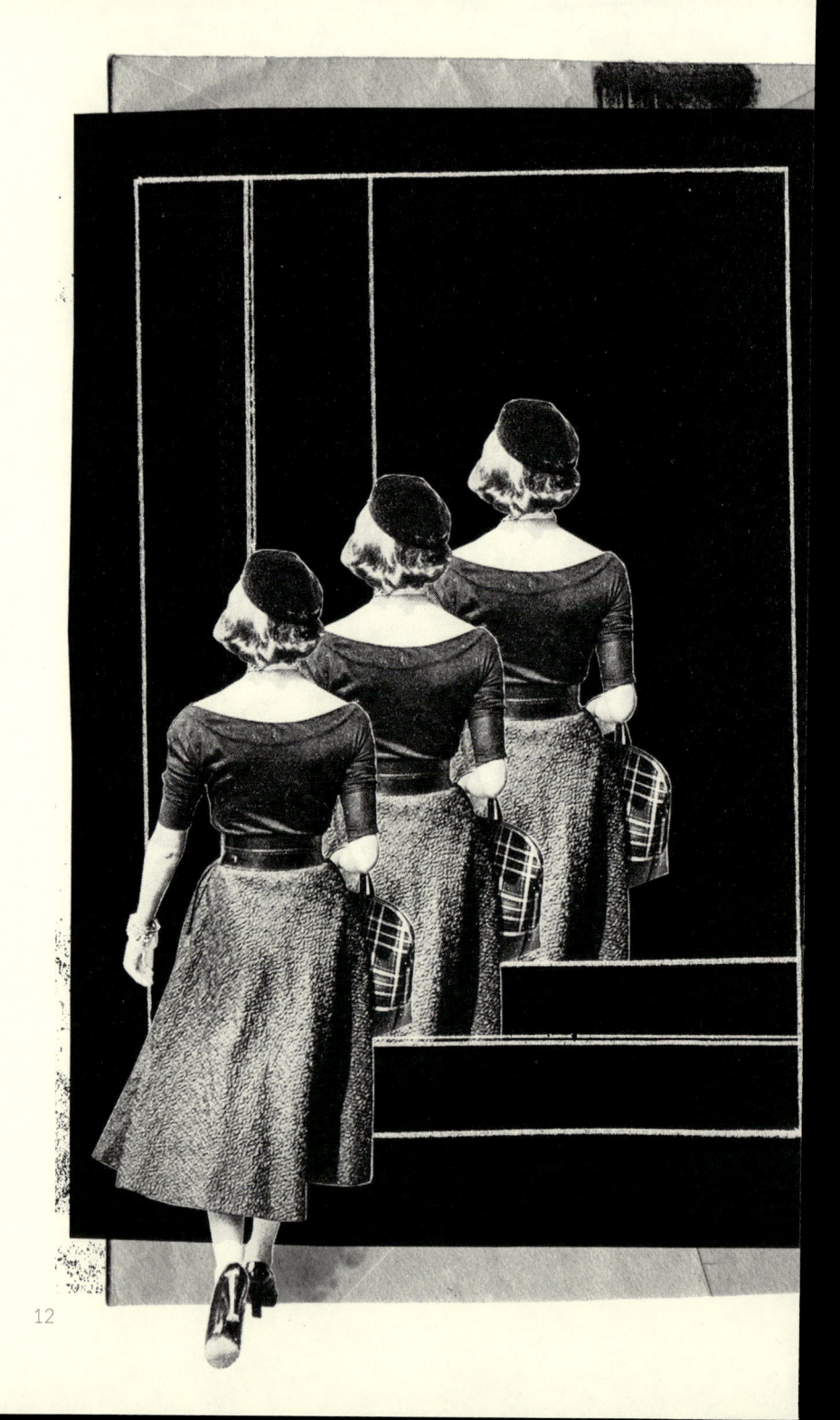

Espelho

Não queria ver.

Não queria ser.

Nada além de uma perda de tempo.

Me olhei no espelho e, surpresa, não me reconheci. Alívio ou desespero?

Marcas

Essas estrias só podem representar todas as vezes em que me quebrei e me reconstruí novamente.

Peso

Seus inocentes comentários sobre meu corpo são como facadas.

Você vai embora sorrindo,

Enquanto minhas feridas continuam abertas.

Expostas.

Sempre sangrando.

Felinos

Conseguir achar conforto em patas.

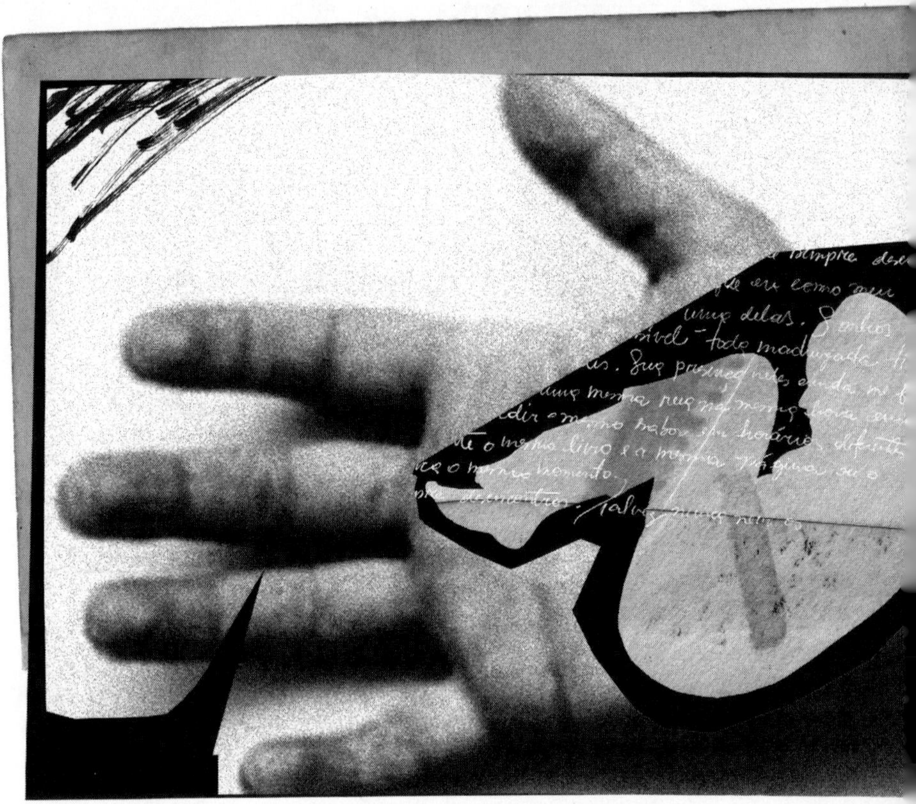

Solidão

Queria poder me sentir acalentada por você, assim como me sentia quando lia um novo poema.

Solitude

Esperava aprender a apreciar minha própria companhia tanto quanto apreciava a sua.

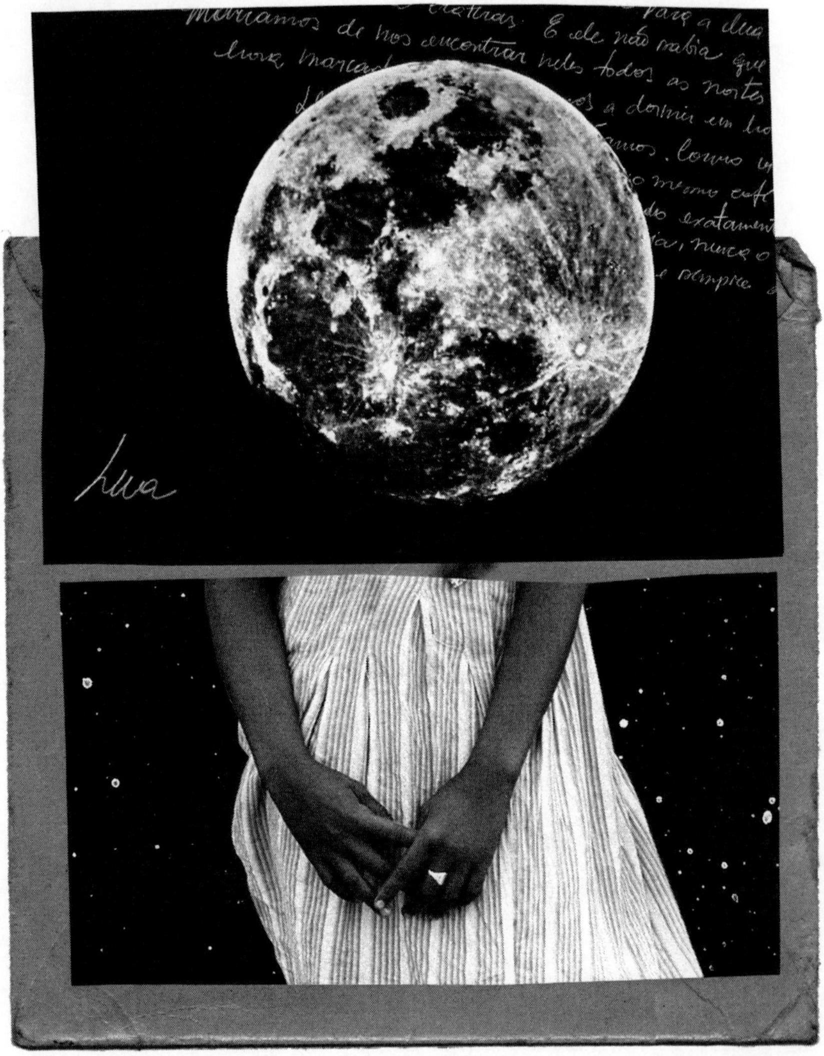
E ele não sabia que
a dormir em
exatament
sempre
Lua

Lua

Pedi que ele olhasse para a lua. Disse que era como meu coração, imenso, mas cheio de crateras. E ele não sabia que era a causa de cada uma delas.

Sonhos

Marcamos de nos encontrarmos neles todas as noites – o único lugar possível – toda madrugada tínhamos hora marcada.

Até começarmos a dormir em horários diferentes.

Sua presença neles ainda me faz falta.

Desencontros

Tudo o que éramos. Como virar em uma mesma rua, na mesma hora, mas em dias diferentes, ou como ir à mesma cafeteria em horários diferentes, pedindo sempre o mesmo sabor de café. Na mesma livraria, comprando exatamente o mesmo livro e lendo sempre a mesma página ou o mesmo verso de uma poesia, nunca no mesmo momento.

Tantas coincidências

e sempre desencontros.

Talvez nunca nem nos conhecêssemos.

Ausência

No meio da noite, procurei pelos seus braços.

Encontrei apenas o travesseiro gelado.

Seu cheiro inconfundível ainda nele.

Relances

Pensava sobre a noite passada, quando me deitei na cama e seu cheiro já tão conhecido preencheu minha memória, inundando o quarto com uma não presença constante.

29 Agosto

Ele me esperava como um sonho, como um milhão de possibilidades, como acordar de um coma profundo depois de quatorze anos dormindo.

Ele me esperava.

Ano novo

As estrelas brilhavam excepcionalmente naquele dia.

Em meio à escuridão, eu tentava agarrar-me ao momento que nunca mais voltaria. Pela frente viriam 365 dias de um não futuro.

Despertador

Um dia eu vou ficar bem e talvez tudo volte a fazer sentido. Enquanto isso, me forço a levantar-me da cama, esperando que um dia a inexplicável dor passe.

Não esperava encontrar aqueles olhos tão cedo, mas, ao passar pela porta, lá estavam eles como a me esperar, e ao cruzarmos nossos olhos meu dia se fez.

Como não se fazia havia tempos.

KNOTS AND HOW TO MAKE

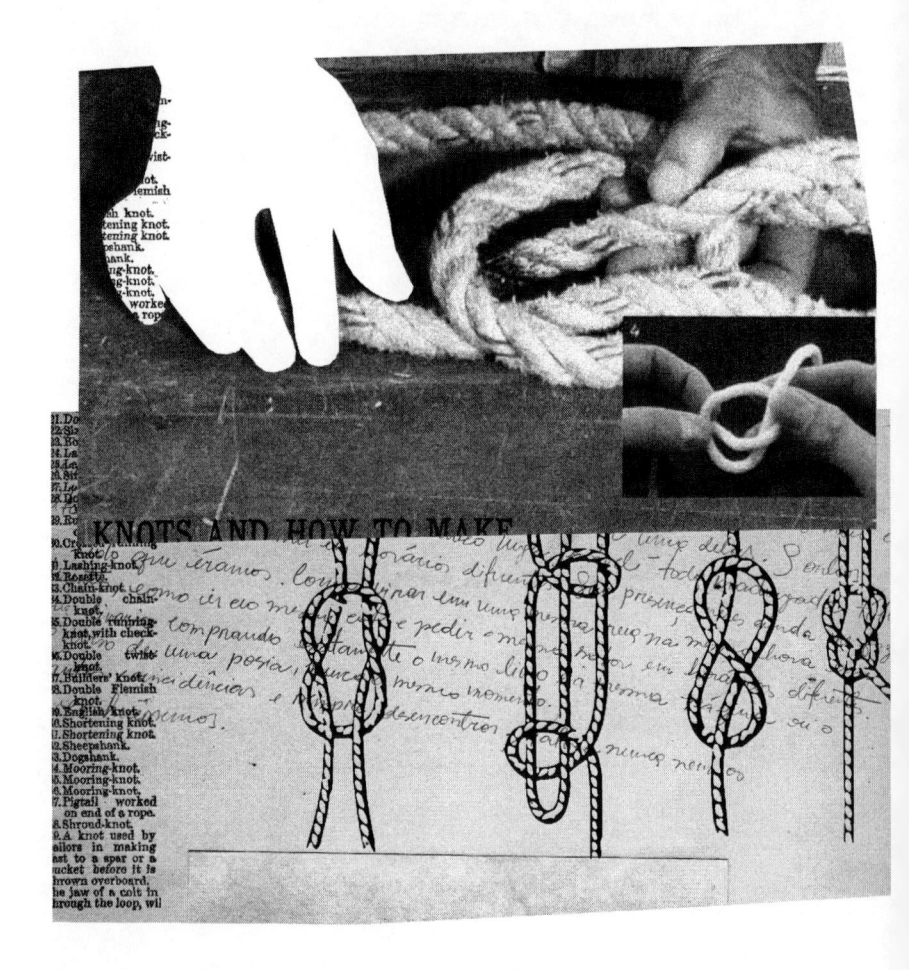

Dedos

Seus dedos pelos meus cabelos me fazem querer fazer tranças entrelaçando-os para que nunca os deixem.

Meus fios de cabelos, bem mais bonitos entre suas mãos.

Rosto

Quando falam sobre algo belo, só consigo pensar em seu rosto. Tudo perto dele é ofuscado.

Mas não há nada que ofusque a beleza do seu sorriso.

Seus olhos

Ao deparar-me com eles é como se eu não existisse mais.

Por alguns segundos, havia apenas a imensidão dos teus olhos castanhos.

Linhas

Eu precisava lê-las todo começo de ano, pois eu não era mais a mesma e sabia que de algum modo elas também não seriam.

Poemas

Algo nos conectava.

Como eu podia me sentir tão próxima de alguém há anos de distância?

"Agora não se fala nada", mas se grita para que o passado não se repita.

Bagunça

Eu tentava descrevê-lo veementemente e quando dei por mim, havia milhares de letras rabiscadas num papel sem linhas.

Percebi que não conseguia descrevê-lo, contudo notei um poema nas entrelinhas,

Demonstrava exatamente a bagunça que ele causava em mim.

cinema, mas ele... Pedi para ele olhar para a lua. Disse que
marcamos... erati... e ele não sabia que era a ca...
lua... ...les todos as noites — O único
... ...ermos a dormir em horários dif...
... ...u éramos. Como viver em...
... ...eio mesmo café e pedir...
... ...do exatamente o mesm...
... ...sia, nunca o mesmo lu...
... ...dinheiro e sempre desencontr...
conhecemos.

Na falta da voz eu escrevia, espantando por um tempo a sombra que parecia estar sempre a me observar. Esperando um pequeno deslize para poder entrar em cena.

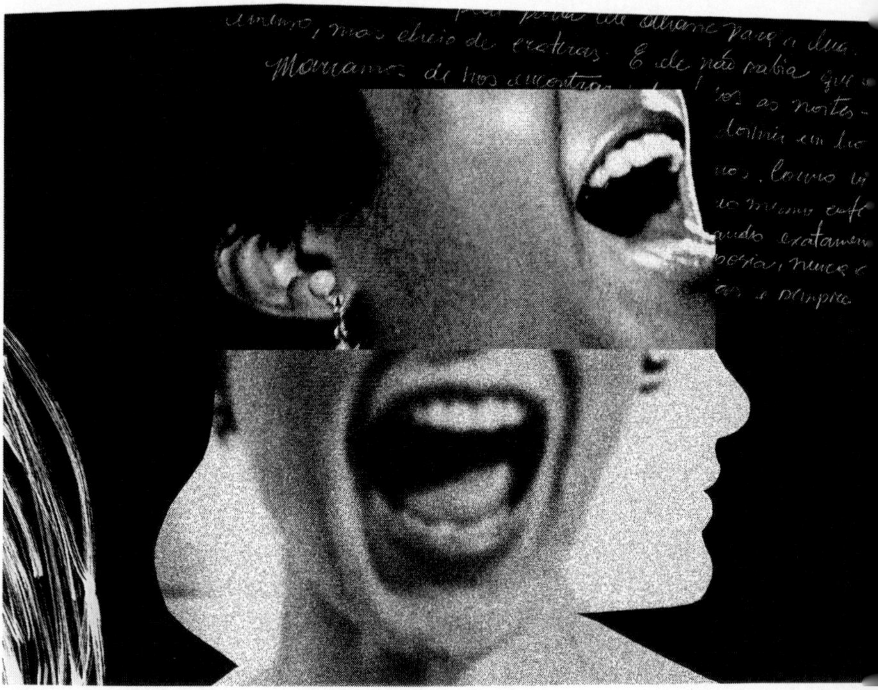

Tudo que gostaria de dizer

Andamos juntos em silêncio, e este estava cheio de palavras não ditas e a cada respiração dada, uma hesitação surgia.

Talvez nos entendêssemos mesmo calados.

Música

Sozinha eu colocava a nossa música bem alta e fingia que você estava ali.

De olhos fechados eu quase podia senti-lo a me tocar.

Até que a música acabasse e meus olhos tristes se abrissem novamente.

Nossa música

Tocava baixa em meus fones de ouvido enquanto o mundo lá fora passava rápido pela janela do ônibus, e eu me lembrava de você.

Que não sabia que aquela música era nossa.

O som que o vento faz ao tocar meu cabelo e o modo como ele toca meu rosto parecem uma antiga canção talvez, em outro momento, isso me incomodaria e eu não conseguisse ouvir o som que nesse instante soa em meus ouvidos, mas é apenas porque ele está ao meu lado. Isso é somente porque ele encosta a mão em minha perna, enquanto cantarolamos a música que toca no rádio, e mesmo que ele não goste está a cantar comigo em voz alta, enquanto eu olho pela janela e vejo a paisagem verde que faz contraste com o céu azul. Tudo parece estar perfeitamente arquitetado de

um modo que não estava há apenas
algumas horas, mas eu sei, eu sei que é
apenas o meu modo de olhar e que, na
verdade, o mundo permanece o mesmo.
Além dessa música que parece ecoar
por todo o mundo, eu sei que tudo
continua o mesmo e que nada mudou
além de mim, a política continua a
mesma, e na cidade a podridão ainda
ronda como uma fumaça densa e
cinza acima de nossas cabeças, porém
naquele momento, naquele pequeno
instante, eu me esqueci de tudo e
olhei para ele cantando e sorrindo,
enquanto a imensidão se alastrava por
quilômetros à frente.

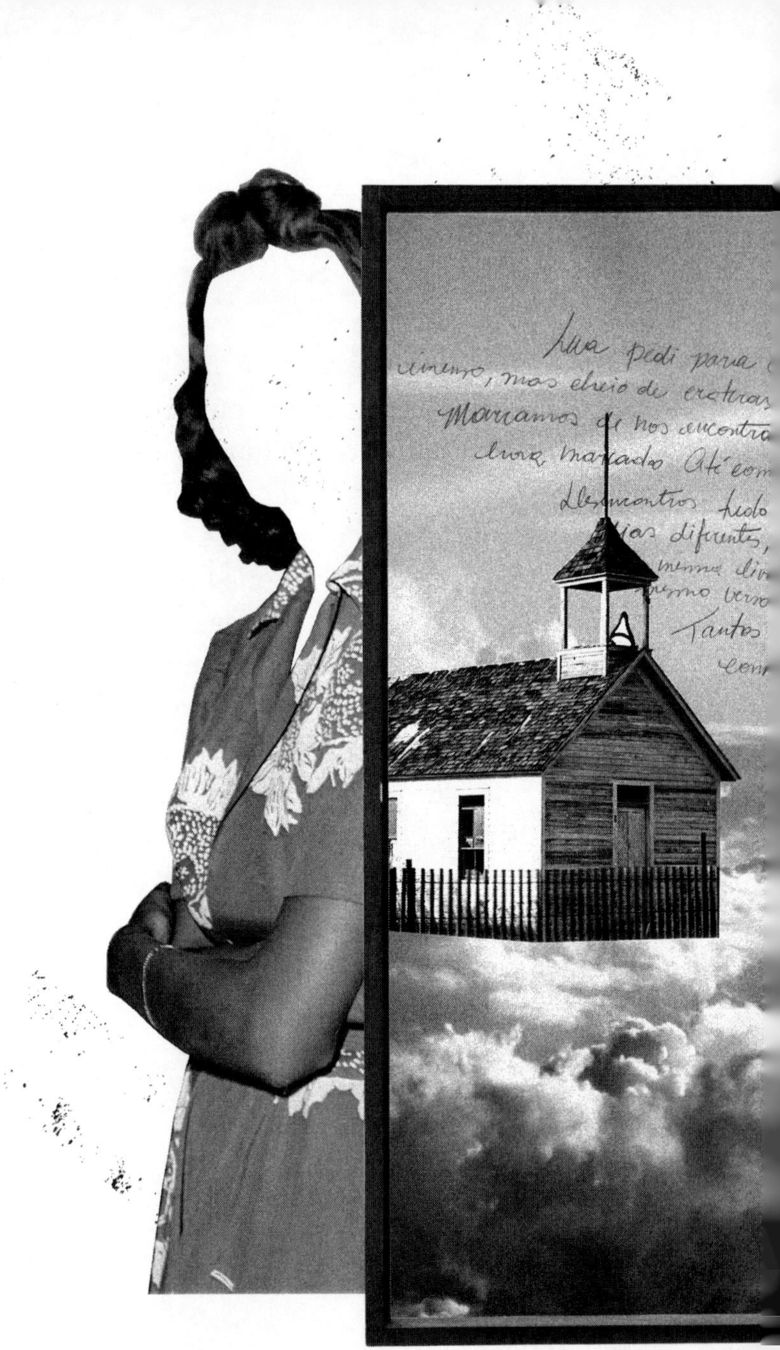

A falta dela fez o pequeno apartamento parecer enorme, era como se sua presença preenchesse todos os espaços, e, agora que ela havia ido, restasse apenas um apartamento cheio de caixas vazias.

Janela

Aquela vista me lembrava uma obra de arte.

Que eu desejava nunca mais ter de encarar.

Rotina

Como uma paisagem antes tão bonita se transformara em um quadro cinzento e triste em um dia alegre de verão?

As melhores ideias surgiam enquanto eu fazia o cotidiano trajeto

Elas também sumiam tão rapidamente quanto os olhares acidentais que se esbarravam sonolentos pelos vagões do metrô.

Faltava-me sempre um guardanapo ou um olhar mais atento.

O nascer do sol e o céu meio rosado entre nuvens de algodão.

Nesses dias era bom estar viva

Apenas para ver os raios de sol pela manhã.

Observar

Enquanto eles viviam. Eu continuava ali. Escrevendo sobre eles.

Dizem que os dias de um prisioneiro são sempre iguais.

E eu pensava ser livre.

pedi para ele olhar-me p
de crateras. E de não
encontrar neles todos
Até começarmos a d
tudo que éramos
como se eu
livraria compran
de uma pos
coincidências
vivemos.

O constante vazio do meu apartamento me fazia encarar o que eu mais temia:

Minha própria companhia.

Tardes

Quando abro a porta e sou recebida pelo silêncio

E pela tua constante falta.

Assim como olhar uma paisagem sombria e desconhecida eu observava o futuro.

Como estar na ponta de um abismo

E meu corpo pendia para a frente.

Até qual tamanho eu deveria me encolher para caber naquela pequena sala de pequenas mentes?

Quanto tempo até lentamente desaparecer?

Diário de quarentena

Os dias passam iguais e em frente à tela vazia eu me coloco.

Dormir, ler e escrever, talvez nada disso.

A casa sempre escura e o sol lá fora brilha excepcional.

Além dessas portas e janelas o perigo passeia, contudo os vizinhos parecem viver normalmente, alguns riem alto, outros choram, enquanto outros gritam. Provavelmente alguns terminarão em divórcio.

O que falta é o ar livre.

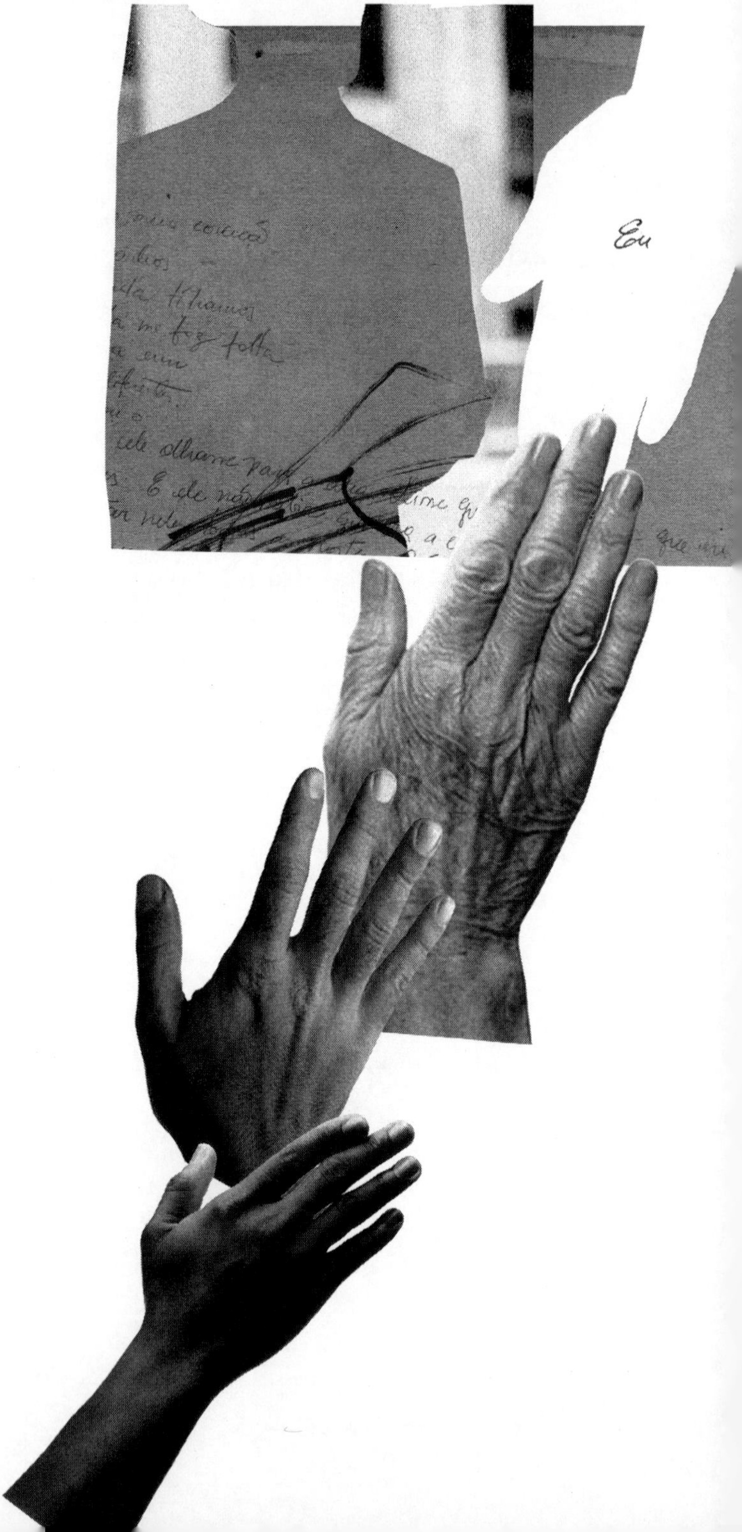
Eu

Crença

A Deusa que eu saudava todos os dias ao acordar me respondia deixando o ar mais leve

Ou

Me levando casualmente até você.

Ancestralidade

A cada passo em direção à independência que me era dada, eu conseguia ver todas as mulheres que antes de mim não tiveram a mesma chance.

Sentia todas as suas mãos a me impulsionarem.

Sentia todo o poder ancestral que habitava em mim.

Relance

Certo dia, pensei tê-lo visto de relance andando distraído no meio de toda a multidão de pessoas. Eu já conseguia ouvir sua voz e sentir seu cheiro que eu nunca esquecera, tão vívidos, porém agora reais; tive medo de realmente ser você e surgiu a apreensão de não saber lidar com a sua real presença.

E eu não sabia.

Senti seus braços me embalarem, e eu sem saber como reagir, movi um braço em um enlaço totalmente desconfortável enquanto você falava tantas coisas sobre saudade.

Você me arrastou para o outro lado
do passeio, e eu fui sem nem pensar,
esquecendo-me do que estava indo fazer.
E conversamos sobre a vida, o passado e
tudo o que me vinha à cabeça, mas nada
do que eu realmente gostaria de dizer,
nem do que também não faria sentido
falar.

Porque nada realmente fazia sentido
quando você estava aqui.

E, me despedindo de você, fui embora com todo o meu passado e todo meu amor. Era melhor deixá-lo e ir conservando intacta aquela memória que me aqueceria por anos como se fosse o seu abraço.

Como se fosse o último café que tomamos juntos.

Em uma tarde fria de setembro.

Meu nome

Muito mais bonito

Em seus lábios.

Toque

Sua mão tocou a minha perna e eu não soube como reagir por um breve momento, sua boca continuava a se mexer, contudo, meus ouvidos não escutavam mais nada, porque sua mão continuava parada ali, como se não houvesse mais nenhum lugar para estar. Quando você a retirou levemente, nossos joelhos encontraram-se por debaixo da mesa, onde ninguém conseguiria ver, e, naquele momento, só eu podia sentir a eletricidade que parecia passar por entre nossas pernas. Percebi que você fazia movimentos mínimos, evitando se afastar, e os seus olhos diziam muito, mas seu receio de desgrudar a perna da minha dizia muito mais, dizia de um modo que apenas ouvidos como os meus treinados em seus gestos conseguiriam ouvir.

69

8 de Fevereiro

O carnaval acontecia lá fora e o sol brilhava excepcionalmente

E como o ato final de uma ópera, ela eclodiu

Preenchendo o mundo de uma ária que até aquele momento ele não sabia do quanto

Necessitava.

As pessoas à minha frente passavam muito rápidas enquanto conversavam, pareciam esperar chegar a algum lugar, andando apressadamente sem perceber que o lugar já estava ali, bastava que olhassem para o lado e vissem a beleza que enchia meus olhos de um sentimento quase inexplicável.

Os dias cinzentos nunca me agradaram, porém, ao lado dele, nada disso importava. Porque sabia que ele estava ali para deixar o dia iluminado novamente.

Senti seu cheiro inconfundível e
sabia que você estava por perto, como
telepatia, e sem demora lá estava você.
Irradiando a sala – minutos atrás triste –
com a sua presença. E o aroma tão forte
que ficou quando você se foi era um
rastro de felicidade.

Eu passava as mãos pela lombada dos livros e espiava nos vãos entre eles procurando achá-lo.

Se não nos livros, então talvez na vida real.

Procurá-lo nas linhas e nas entrelinhas.

Encontrá-lo no meio de um poema antigo entre dois versos meus.

Eternizá-lo, se não comigo, então nessas palavras.

Livros

Aquelas páginas, como um respiro em meio ao caos da cidade

Ao caos da rotina

E ao meu caos interno.

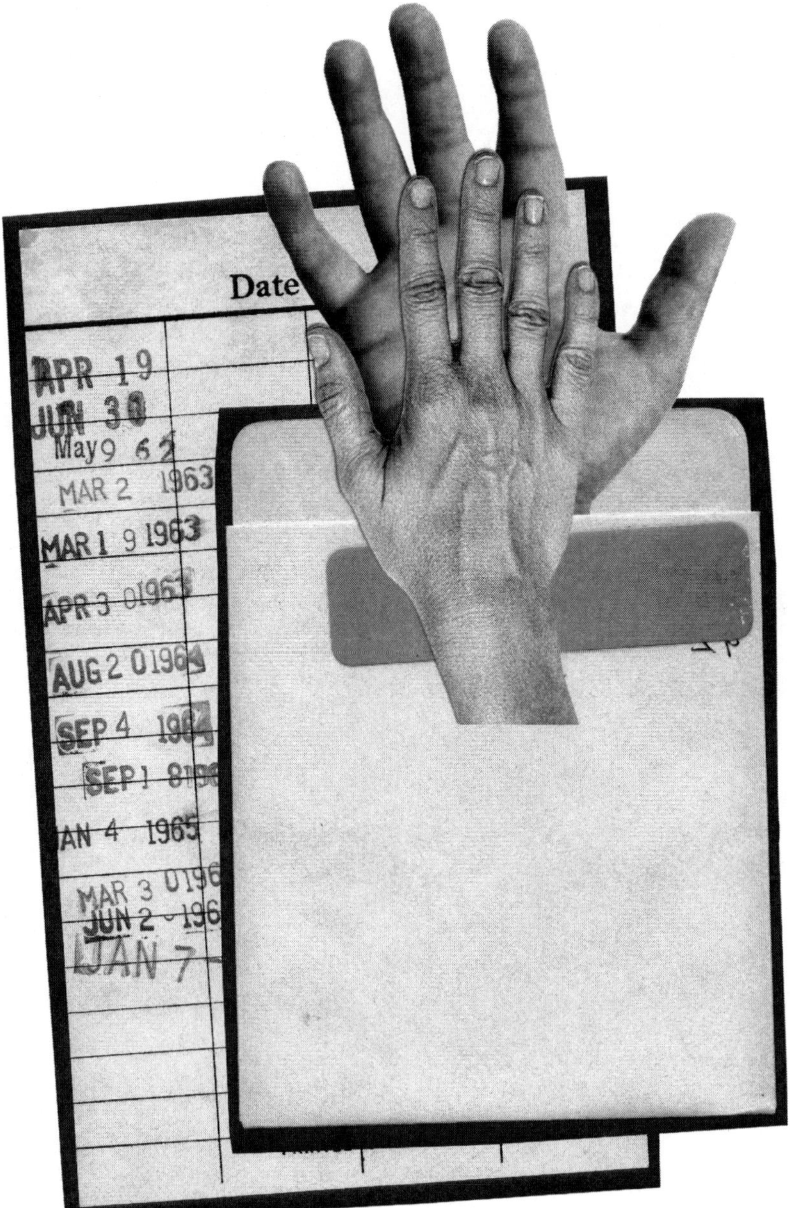

Abuso

O modo como minha vida ficou depois daquele dia era como uma cena de crime.

De algum modo levaram o melhor de mim, e eu desesperadamente procurava me encontrar.

Sem sucesso.

Asco

Bastou que ele colocasse as mãos sobre meu corpo apenas uma vez para que eu me odiasse para sempre.

Como viver com repulsa do seu próprio corpo?

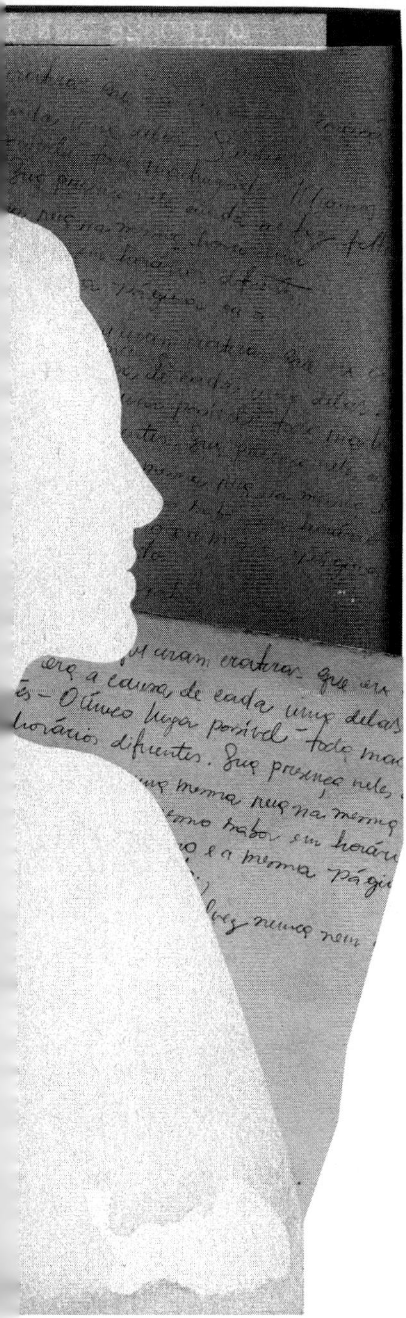

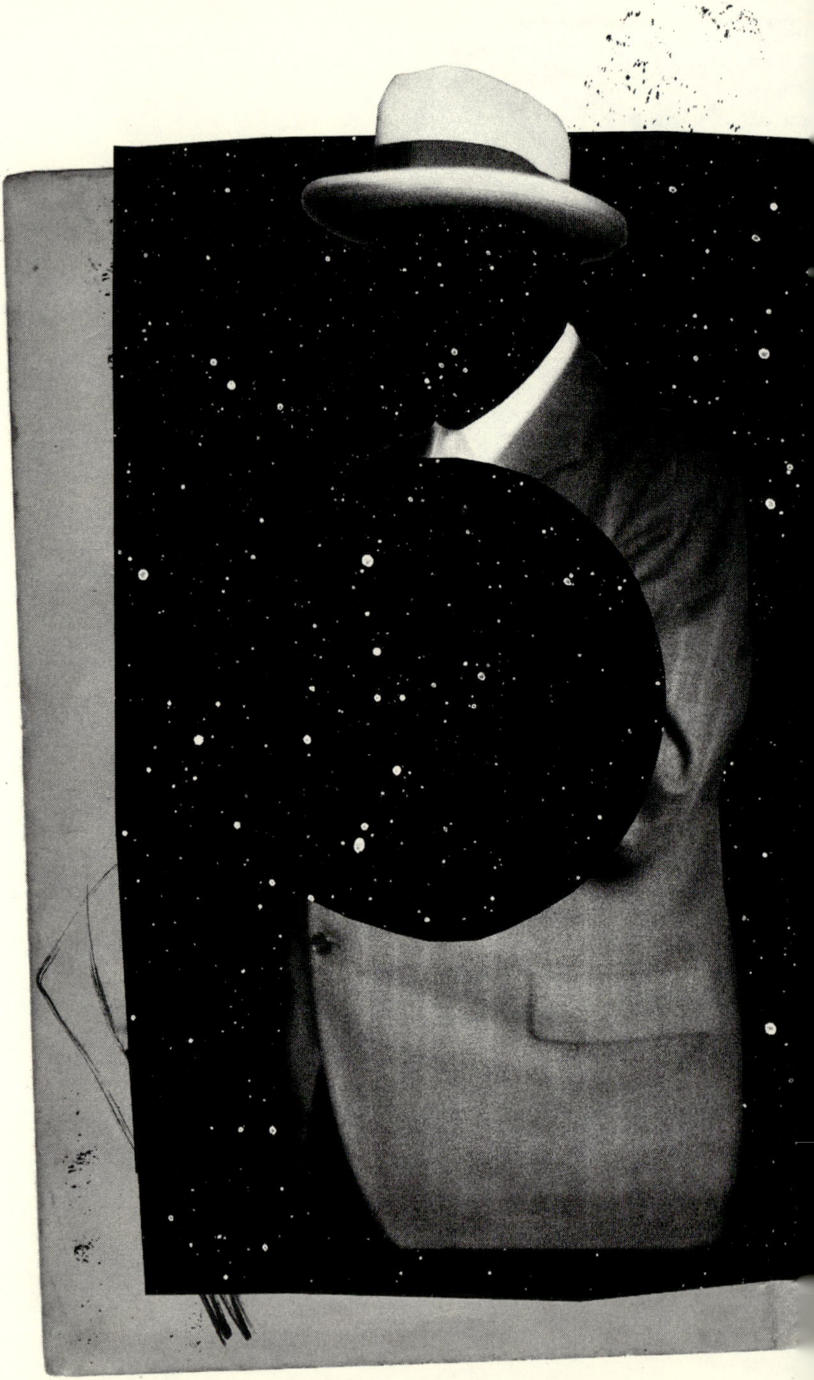

Distúrbio

Às vezes o excesso de fome. Outras vezes fome nenhuma.

Sempre o inexplicável vazio.

Existe uma vida além dessa, em que não é necessário se alimentar das migalhas do que sobrou de uma farta refeição.

Espaços

Eu gosto que você não tenta preencher todos os silêncios
Com palavras.

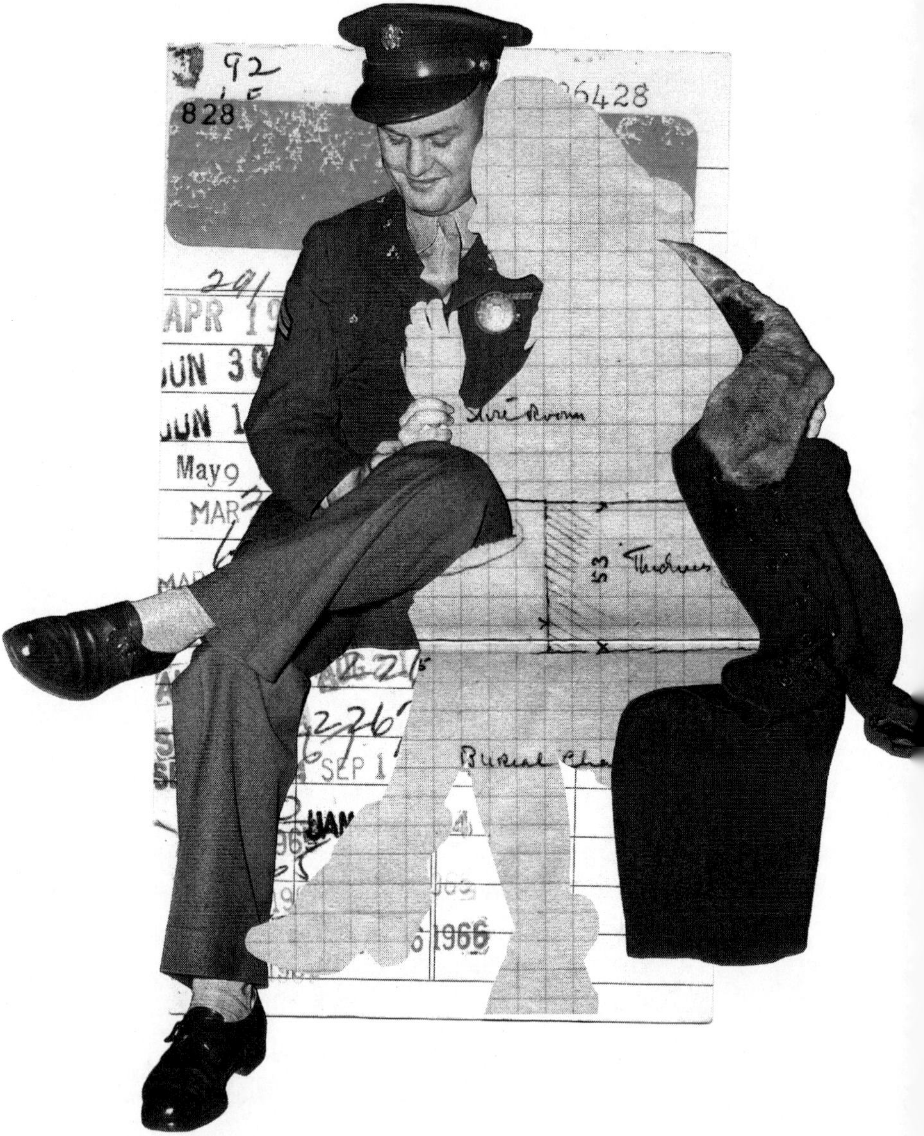
828
May9
1966

Seu espaço

Você é mais do que qualquer um poderia ou poderá algum dia ser.

Meu Lugar

Eu caibo perfeitamente dentro dos seus braços, e é o único lugar onde eu realmente durmo.

Escorregadia

A felicidade parecia escorrer entre meus dedos toda vez em que eu pensava que havia conseguido contê-la.

Eu ouvia repetidamente a canção que você descreveu como "sensação de acordar de um cochilo em um domingo à tarde". Engraçado, pois agora, quando acordo de um cochilo, você nunca está aqui.

E eu nunca mais escutei aquela canção e perdi o gosto pelos domingos.

Era melhor ter sua presença constante, mas silenciosa, ou o silêncio tão vazio sem você?

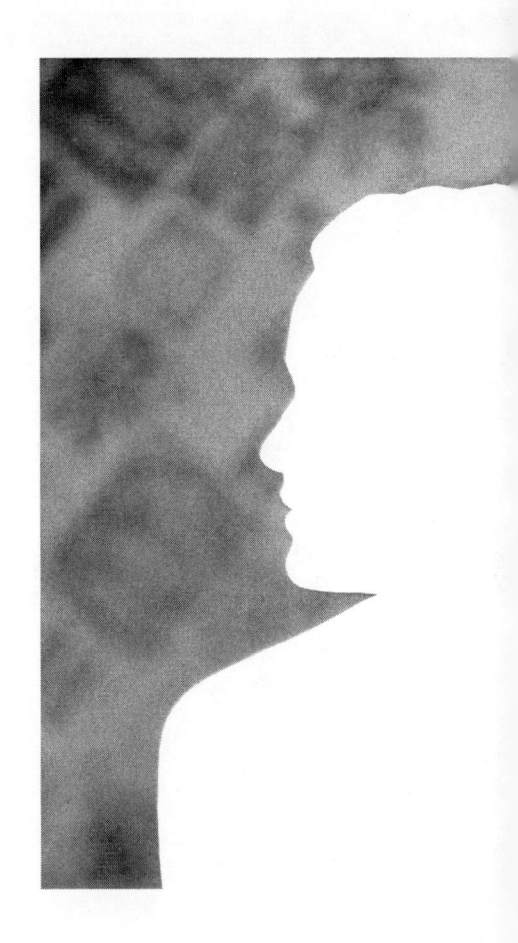

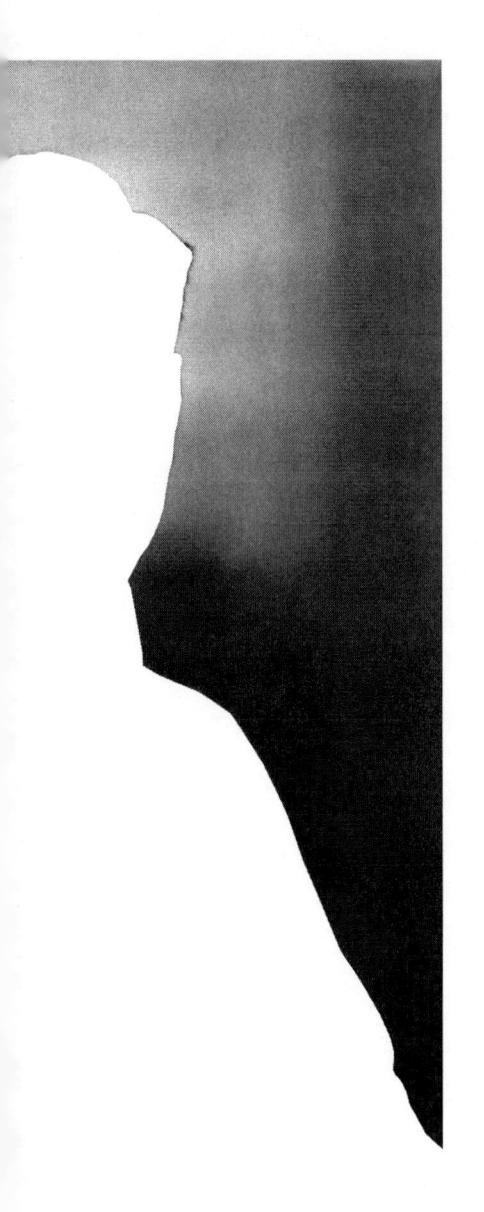

Nas entrelinhas

Minhas palavras nunca soam certas como meus escritos.

Espero que me leia.

Como nos afastamos

Costumava me perguntar em qual momento cósmico nossas vidas se uniram e em qual momento de tristeza foram separadas. Em qual exato segundo passamos a pensar que conversar era perda de tempo, e o entusiasmo de antes para contar algo foi sumindo até quase desaparecer, e surgiu a estranheza de se entusiasmar mais com a atenção de um estranho do que com a sua, que parecia nem mais existir. Passar horas lado a lado sem trocar palavras ou olhares, seus carinhos agora tão gélidos.

A hora de partir ainda indefinida, mas já prevista.

Suas mãos costumavam percorrer meu corpo lentamente, e ainda tento entender de onde surgiu essa atual pressa.

Costumávamos nos deitar de frente um do outro e trocarmos infinitos olhares que significavam o tanto que já chegamos a chorar.

Agora nossos olhos... tão secos.

Ele me diz que nada faz sentido sem mim. A verdade é que não consigo me achar em seus planos.

Em qual canto da casa eles se esconderam?

A filha do meio

Lentamente eu me afogava e nas pontas dos pés tentava me manter mais alta do que os sentimentos que pareciam me puxar para baixo com seus dedos pegajosos e firmes.

Meu pedido por socorro era silencioso. Ninguém nunca parecia ouvi-lo.

Momento de clareza

E no meio daquela festa e de toda gente percebi:

Eu nunca quis estar ali.

Eu finjo me divertir esperando que talvez eu me convença disso.

Sentir

Às vezes sentir é doloroso. E eu sinto muito.

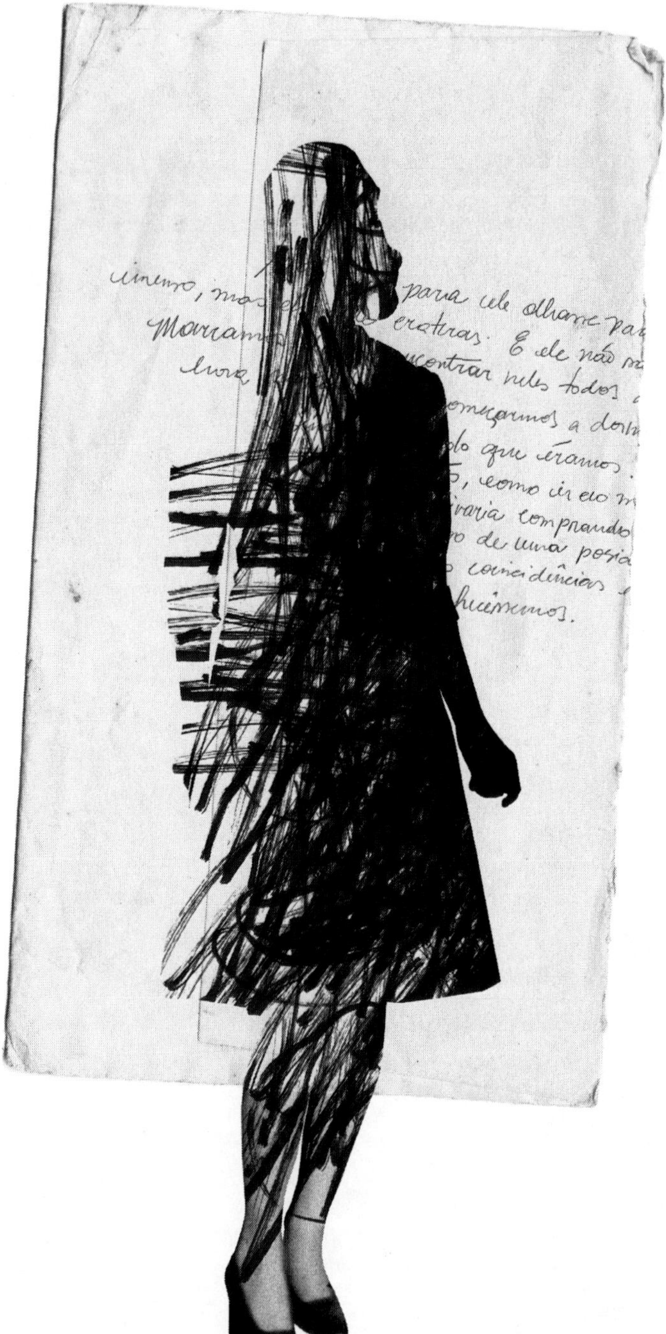

Meus sentimentos

Todos sem nome, como um cemitério de indigentes.

Palavras

Sempre entaladas em minha garganta.

Mágoas

Como engoli-las um segundo depois de já terem sido ditas?

Aquela dor quase imperceptível que se fincava delicadamente dentro de mim, eu não saberia explicar o que era, mas suspeitava que era saudade.

É melhor não sentir

Do que sentir tudo como uma explosão e não ser capaz de conter as lágrimas no meio do centro da cidade, onde ninguém realmente te vê.

E alguém realmente te vê?

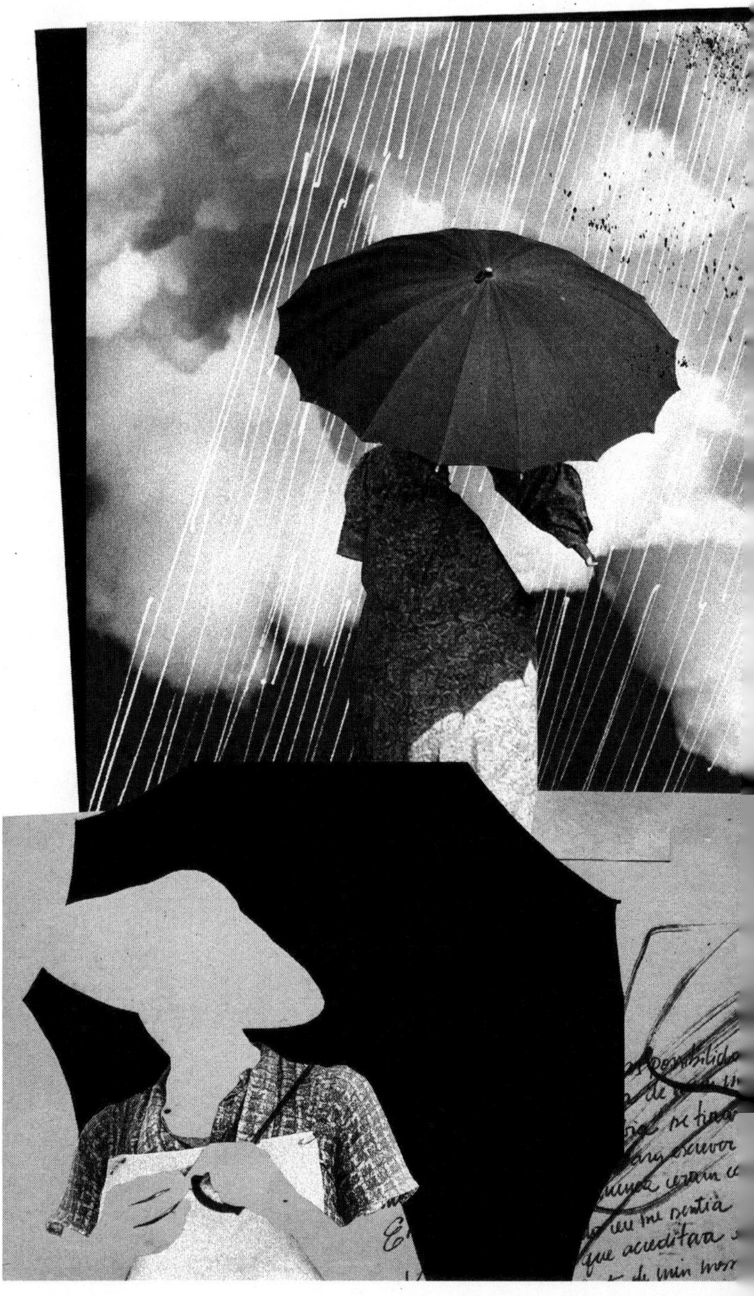
eu me sentia
que acreditava

Íamos nos encontrar naquela sexta-feira cinzenta.

Quando avisaram que a chuva seria catastrófica,

Impedindo nosso encontro.

Que eu sabia que nunca mais aconteceria.

A chuva estava forte demais
para enfrentá-la, ela caía
ininterruptamente e com tanta
força que meu guarda-chuva quase
ia embora da minha mão. Mas eu
precisava te ver e por isso segui contra
o vento e contra a água que agora
já molhava todo o meu corpo, que
continuava persistindo.

E cheguei ao meu destino, como no
ato final de um filme de comédia
romântica. Minhas roupas pingavam,
deixando o chão encharcado, enquanto
ele olhava incrédulo para mim, e eu
sorria apenas por vê-lo.

De dentro do ônibus eu não conseguia enxergar nada.

A chuva embaçava o vidro e ofuscava meus pensamentos que pareciam ir embora junto com as gotas que escorriam pela janela.

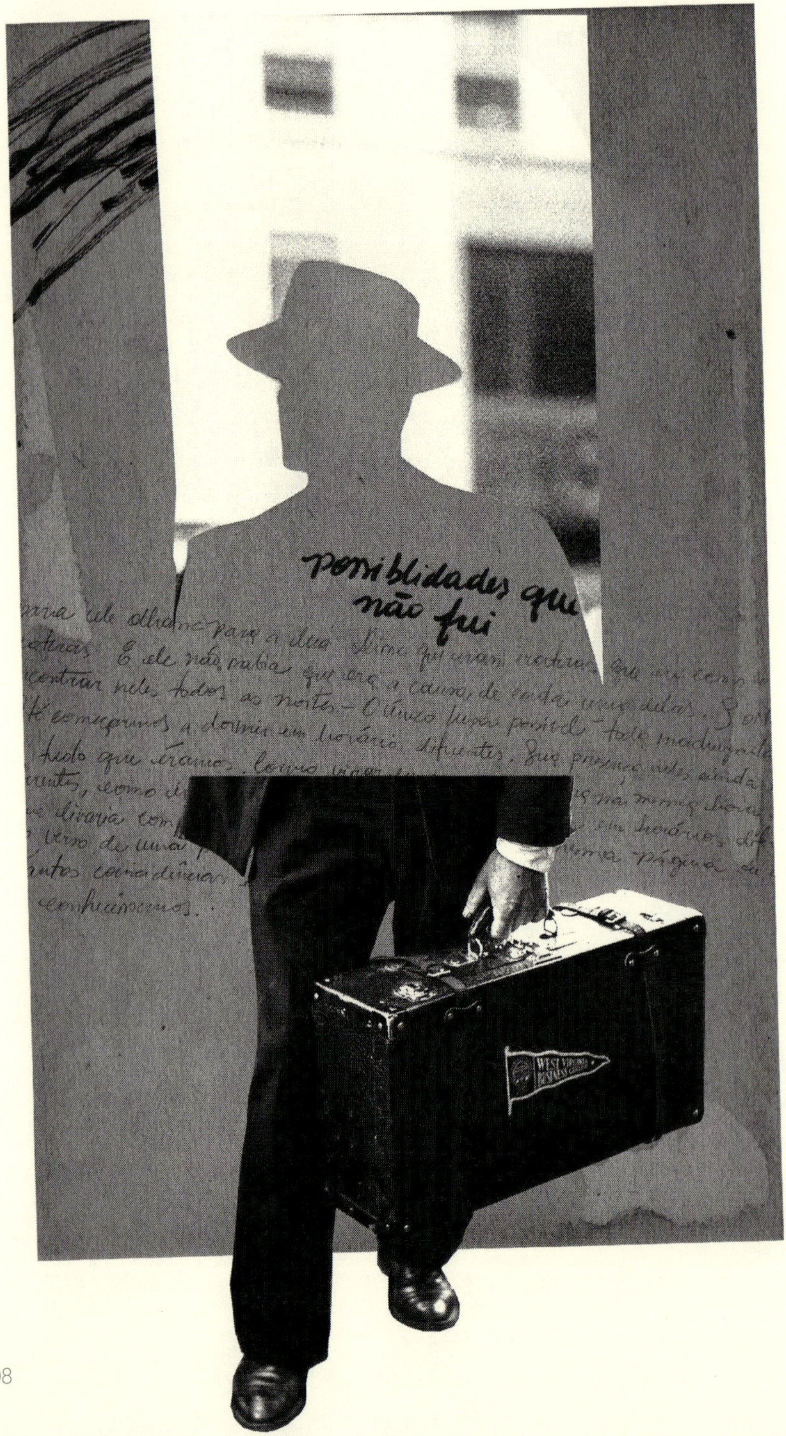
possiblidades que
não fui

Partida

Aquele era um dia estranho; eu sabia da partida, e talvez fosse melhor que eu não soubesse. Senti um olhar queimando em minha nuca e virei, sabendo quem me olhava, apenas ele conseguia me tirar dos meus devaneios tão perdidos. Ao me virar nossos olhares queimaram e na colisão o dele desviou, talvez pela intensidade ou pela situação.

Por esse motivo, parti sem olhar para trás e sem me despedir, mas eu continuava sentindo seu olhar queimando em minha nuca e esperava que esse ardor nunca passasse.

Detesto partidas

Principalmente essa em que você se vai sem nem ao menos despedir-se.

Se eu soubesse que seria a última vez em que nos veríamos, teria gravado cada traço do seu rosto em minha memória, e em meu corpo como tatuagem cada toque seu; em meus ouvidos, o som da sua voz sempre ecoaria como um plano de fundo de todos os momentos que se seguiriam em minha vida.

Se soubesse, nunca teria desviado o olhar antes

Ou afrouxado aquele abraço.

Fuga

Todos os remédios coloridos e enfileirados, todos do mesmo tamanho e espessura postos na mesa à minha frente.

Todos juntos pareciam minha passagem

Só de ida.

As malas estavam sempre prontas e eu, junto delas.

Mas ele sabia que eu nunca iria.

A vida me sorria, mas talvez fosse ele a sorrir pra mim.

Não saberia diferenciar.

Convite

O café quente à minha frente e sua presença ao meu lado. Seu sorriso e sua mão sobre a mesa. Como convites.

Convites do que eu não poderia aceitar.

Deixei o café agora morno e recolhi as mãos sem olhar para trás.

Colapso

Por entre as pessoas te vejo. Cabelos ao vento, bonito como uma pintura.

Seus olhos, antes tão aéreos, parecem aterrizar ao fazerem encontro aos meus.

Encontro ao meu mundo, em meu mundo. Como se penetrasse em meu pensamento mais íntimo e conseguisse ler cada canto escondido do meu ser, que há alguns minutos era tão reservado.

Nossos olhos se desencontram depois de alguns segundos, e quando isso acontece você parece levar um pedaço de mim que eu nem sabia que existia, mas que agora fazia uma enorme falta.

Vou embora sentindo o peso de quem perdeu uma parte que não sabia que existia.

copyright © 2020 by Editora Letramento
copyright © 2020 by Thamires Mussolini

Diretor Editorial | **Gustavo Abreu**
Diretor Administrativo | **Júnior Gaudereto**
Diretor Financeiro | **Cláudio Macedo**
Logística | **Vinícius Santiago**
Comunicação e Marketing | **Giulia Staar**
Produção Editorial | **Laura Brand**
Coordenação Editorial | **Luís Otávio Ferreira**
Assistente Editorial | **Carolina Fonseca**
Revisão | **LiteraturaBr Editorial**
Capa, projeto gráfico e ilustrações | **Santiago Régis**

Todos os direitos reservados.
Não permitida a reprodução desta obra sem a
aprovação do Grupo Editorial Letramento.

Dados Internacionais de Catalogação na Publicação (CIP) de acordo com ISBD

S729a	Souza, Thamires Lorena Mussulini de
	Abrace-me enquanto ainda estou aqui / Thamires Lorena Mussulini de Souza. - Belo Horizonte, MG : Letramento, 2020. 116 p. : il. ; 14cm x 21cm.
	Inclui índice. ISBN: 978-65-86025-71-2
	1. Literatura brasileira. I. Título.
2020-2842	CDD 869.8992 CDU 821.134.3(81)

Elaborado por Vagner Rodolfo da Silva - CRB-8/9410

Índice para catálogo sistemático:
1. Literatura brasileira 869.8992
2. Literatura brasileira 821.134.3(81)

Belo Horizonte - MG
Rua Magnólia, 1086 | Bairro Caiçara
CEP 30770-020
Fone 31 3327-5771
contato@editoraletramento.com.br
editoraletramento.com.br
casadodireito.com

Grupo Editorial
LETRAMENTO